꿈으로 쓰는 일기

시인의 말

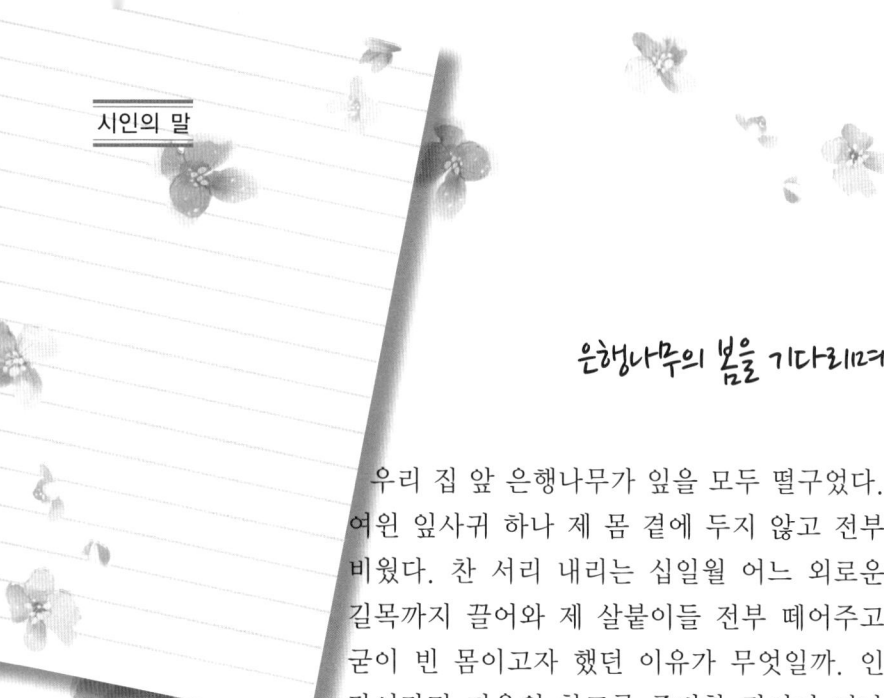

은행나무의 봄을 기다리며

우리 집 앞 은행나무가 잎을 모두 떨구었다. 여윈 잎사귀 하나 제 몸 곁에 두지 않고 전부 비웠다. 찬 서리 내리는 십일월 어느 외로운 길목까지 끌어와 제 살붙이들 전부 떼어주고 굳이 빈 몸이고자 했던 이유가 무엇일까. 인간이라면 겨울의 창고를 준비할 것이며 떠나는 인연을 붙잡고 시린 심장을 데우려 할 것이다. 찬란한 봄을 기다리는 나무의 비움과 인간의 채움에는 어떤 차이가 있을까.

과일을 썰어 접시에 두고 간단한 스프를 끓이는 일상처럼 나의 계절은 한 그루의 여름과 가을, 겨울 그리고 여지없이 봄을 맞으며 수없는 시간과 세월을 살아왔다. 무심코 계절을 살며 앓아내는 은행나무가 나를 응시하고 참견하고 보살핀 건 아닌가, 하는 생각이 들면서 내 인연의 나무에게 감사하고 싶다.

우리 집은 항상 바다가 넘실대는 광안리에 있다. 아침마다 모래사장을 맨발로 걸으며 내 몸에 부딪는 파도와 이야기를 나눈다. 유년의 소설을 쏟아내기도 하고 다시 찾아올 일상의 동화도 바다의 푸른 역사만큼 내 몸에선 출렁일 것이다. 바다의 추억과 은행나무가 걸어온 시간이 내게로 와서 시가 되었다. 꿈같은 세월, 꿈꾸는 시간들… 꿈으로 쓰는 일기가 한 권의 책이 되었다.

다시, 광안리 바닷가에서
은행나무의 봄을 기다리며… 가현 노경자

목차

● 시인의 말   2

1부 붓이 가는 길

어머니 · · · · · · · · · · · 11
붓이 가는 길 · · · · · · · · · 12
들꽃의 향연 · · · · · · · · · 13
피파의 노래 · · · · · · · · · 14
나들이 · · · · · · · · · · · 15
청춘 · · · · · · · · · · · · 16
이제 거두어 주소서 · · · · · · 17
난드르 바다 · · · · · · · · · 18
범일동의 동천 · · · · · · · · 19
봄비 · · · · · · · · · · · · 20
목련꽃 · · · · · · · · · · · 21
벚꽃의 향연 · · · · · · · · · 22
무제2 · · · · · · · · · · · 23
봄에 관한 몇 가지 · · · · · · · 24
봄 무늬 따라 눈길 머무는 곳 · · · 25
시인의 운명 · · · · · · · · · 26
꽃 잔치 · · · · · · · · · · · 28
내 안의 나에게 · · · · · · · · 29
등꽃이 필 무렵 · · · · · · · · 30
잉태 · · · · · · · · · · · · 31
두 모습을 가진 바다 · · · · · · 32

2부 자연의 오페라

달맞이꽃 · · · · · · · · · · · 35
칠곡산 · · · · · · · · · · · · 36
불꽃 · · · · · · · · · · · · · 37
새벽의 풀잎 · · · · · · · · · 38
자연의 오페라 · · · · · · · · 39
8월 16일 제주에서 · · · · · · 40
추억 만들기 · · · · · · · · · 41
새들의 노래 · · · · · · · · · 42
난드르바당에서 · · · · · · · 43
때 늦은, 아쉬움 · · · · · · · 44
무더위 · · · · · · · · · · · · 45
떠나지 못하는 여름 · · · · · 46
가끔은 아주 가끔은 · · · · · 47
시인의 강가에서 · · · · · · · 48
꿈으로 쓰는 일기 · · · · · · 50
먼 산 그리움 · · · · · · · · · 52
새벽 강 · · · · · · · · · · · · 53

3부 기차가 닿는 그곳

안개 · · · · · · · · · · · · · · · 57
노을 · · · · · · · · · · · · · · · 58
향수의 계절 · · · · · · · · · · · 59
여명 · · · · · · · · · · · · · · · 60
한가위의 아침 · · · · · · · · · · 61
섬진강의 노을 · · · · · · · · · · 62
수평선 · · · · · · · · · · · · · · 63
꽃을 가꾸면서 · · · · · · · · · · 64
9월의 아침 · · · · · · · · · · · 65
대자연 · · · · · · · · · · · · · · 66
순천만의 갈대 · · · · · · · · · · 67
이 가을엔 · · · · · · · · · · · · 68
바람과 파도 · · · · · · · · · · · 69
밀감 · · · · · · · · · · · · · · · 70
밀감2 · · · · · · · · · · · · · · 71
가을 하늘 · · · · · · · · · · · · 72
노랑 질감의 가을에 서성이는 · · · · · · 74
아침이슬 찬가 · · · · · · · · · · 75
내 친구 j는 · · · · · · · · · · · 76
내 친구 j는 2 · · · · · · · · · · 78
차 한 잔의 행복 · · · · · · · · · 79
낙엽의 연서 · · · · · · · · · · · 80
기차가 닿는 그곳 · · · · · · · · · 82

4부 내 마음 모든 것을

외사랑	85
도시의 거리	86
아름다운 강산	87
내 마음 모든 것을	88
겨울	89
아가페 사랑	90
눈	92
저녁노을	93
인생	94
세월	96
지심도의 동백	97
병실에서	98
기도	99
오는 날	100
친구	101
해금강에 서서	102
여인	103
중노듯 전설	104

● 감상평
　자연과 삶에 내 인생을 붓칠하다 / 이화엽　　108

● 격려사
　은하수보다 아름다운 언어의 꽃밭에서 / 이재섭　122

● 추천사
　한 땀 한 땀 먹실로 그려놓은 시향으로 / 양호진　124
　여백에 감사드리며 / 안효철　　126

국제공모대전 9회 2011년 수상작

1부 붓이 가는 길

하얀 화선지에 먹물이 튄다
붓이 가는 길 따라
그림이 그려진다

어머니

아무리 불러도
싫증 나지 않는 이름 어머니
사무치게 보고 싶은 이름
나의 어머니

사무친다는 말 자체도
송구스러운 이름 어머니
그리운 어머니
보고 싶은 어머니
목메어 불러 보지만

대답 없는 그곳엔
말라버린 잔디만 무성한데
고요하기만 한 무덤 앞에
하얀 꽃 몇 개가
어머니처럼 웃고 있다

금방이라도 달려와
꼭 안아 줄 것 같은
따뜻한 품의 어머니여

붓이 가는 길

하얀 화선지에 먹물이 튄다
붓이 가는 길 따라
그림이 그려진다

매화가 핀다
고목이 된 가지마다
매화가 피어 있다

바위틈 사이에
국화도 활짝 피어 있다
피고 지고 또 피었다 지고

긴 세월 오랜 비바람 속에도
꽃은 피고 열매가 열린다
인간은 피었다가 지면
다시 오지 못할 것을

들꽃의 향연

들꽃의 향연
이름 없는 각색의 꽃들이여
언덕 가득히 피어 웃고 있는데

앞다투어
자신들의 몸매를 자랑하누나
무어라 종알거린다
무어라 종알거린다

이름 없노라고
자신들의 이름을
지어달란다

피파의 노래

너에게 부탁한다.
내 사랑 원하기 전에는
흔들지도 말고 깨우지도 말라

나의 사랑하는 이에
목소리로구나

보라!
그가 산에서 달리고
작은 산은 빨리 넘어오는구나

나의 사랑은 노루와도 같고
어린 사슴과도 같아서
창살 틈으로 엿보는구나

나의 사랑하는 자가 말하기를
나의 사랑 내 어여쁜 여자야
일어나 함께 가자

겨울도 지나고 비도 그쳤고
지면에는 꽃이 피고
새들도 노래할 때가 되었고
비둘기들 소리 우리 땅에 가득하구나

나들이

왁자지껄 사람들의
웃음소리, 환호소리
아름다운 자연을 향해
맘껏 좋아하는 그 소리

아름답다, 대자연이
아니 엄숙하기조차 한 자연을
이들을 누가 더럽히겠는가
누가 훼손한단 말인가

그냥 고마워하고 감사해야 할
이 대자연들을……

나비가 날아온다
각색 모양의 나비들이
나의 어깨 위로 머리 위로
한가롭게 행복한 채
살며시 꽃 위로 앉는 나비들

청춘

청춘
그는 듣기만 해도 가슴이 뛴다

청춘
그는 세상이 온갖 것이 자신의 것이다.
가슴에는 뛰노는 심장과 피가 있고
희망과 용기가 가득 차 있다

가슴은 뛰었고
청춘의 피는 하늘을 찔렀다
달 밝은 밤에는 별 따라 갔고
꿈과 야망이 넘치고 있었다

청춘은
예리하고 감상적이었다
그는 깨끗하고 아름답다
밝고 귀여운 눈동자엔
자신과 꿈만 넘치고 있다

이제 거두어 주소서

하나님이여 이제 거두어 주소서
온 세계가 코로나19의 두려움에 떨고 있어요
운동장에서 뛰어놀던 아이들의 아우성 소리,
이젠 사라졌어요

무지한 저희를 불쌍히 여기사
이젠 이 모든 재앙에서 구원해 주소서
이 세상을 보시며 얼마나 노하셨는지
생각을 거듭했습니다

소돔과 고모라와 같은 세상을,
형들의 질투와 계략으로 이집트로 팔려간 요셉
눈앞의 적을 보며 두려움에 떨던 여호수아
부활을 의심했던 예수님의 제자 도마 등,
이들의 기도를 듣고 그들의 삶을 바꾼 것은
주님이십니다

하나님이여 원컨대 저희들의 기도를 혜량하소서
나라와 민족을 위해 눈물로 기도했던 엘리야처럼,
불쌍히 여겨 기도에 응답하소서
이젠 질병에서 벗어나게 하소서
그리하여 부활의 주님을 믿습니다

난드르 바다

은가루를 하늘에서
한껏 뿌려 놓은 난드르 바다
눈이 부시다

하늘에서 내리는 가루
어제는 세찬 바람과 성난 파도가
미친 것처럼 바위를 치고 했는데

오늘 오후엔
하얀 흰 거품을 토해내어
은빛 가루를 난드르 바다에
잔뜩 뿌렸구나

그곳에 누워 있고 싶다
은빛 바다에 춤추고 싶다
한껏 뛰놀고 싶다

이토록 아름다운 바다는
그 얼굴이 몇 개나 되는가?
아무리 보아도 성난 바다는 아니다

범일동의 동천

봄 하늘의 흰 구름은
예쁜 신부가 흰 드레스를 입은 것처럼 아름답고
벚꽃 잎은 살랑이는 낙엽 되어 떨어지는데
꽃잎 떨어지는 길을 걷노라니, 동천이 보인다

얼마 전까지 냄새와 악취가 풍기던 동천
그러나, 지금의 동천은 아름답다
물고기가 점프하고 무리 지어 유영하는
고기떼를 볼 수 있었다

새들이 날아와 여유로이 긴 주둥이 물속에 넣어
무엇인가 입속으로 넘기고 있다
도시인들이 바쁜 일상 속에 살면서 한 번씩 지나는
사람들의 발걸음 멈추게 하는 아름다운 이곳,
풍요로움으로 변한 동천은 이젠
전설을 품고 있구나

봄비

이슬비가 소리 없이
아주 조용히 나의 온몸을 적시고 있다
그래서, 봄이었구나
그리하여 무거운 외투가 벗어졌구나

봄을 맞이하기 위해, 기다린 간절한 마음이었기에
이슬비를 온몸으로 받아 안아주었다
코로나19의 영향 탓으로 조심스레

외출을 자제했지만 한껏, 우산도 없이
개나리가 지천에 노랗게 핀 거리에도
봄의 전령사인 수선화도 예쁘게 웃고 있었다

세상이 어수선해도
계절은 어김없이 찾아와
반겨주는 이들의 품에 안기는구나
나는 소녀처럼
달음박질치며 봄의 품에 안겼다

목련꽃

목련꽃, 갈래꽃의 까치발로
무엇을 보기 위해 찰나로 태어나
단장한 아름다운 신부처럼
그 모습 뽐내며 피어나는가

널 보는 눈빛마저 넋을 잃게 하고
아침 햇살에 눈이 부시는 목련화

비바람이 몰아친 날이면
고운 자태 얼마나 슬퍼하다 여울져
고고한 그 자체 어여쁜 널
오래 볼 수 없기에 나의 마음은
깊은 설움에 잠기고 있구나

긴 겨울을 지난 후
아름다운 꽃봉오리가 하늘을 향해
환하게 웃는 그 순간처럼

벚꽃의 향연

긴 벚꽃 터널을 거닐면서
아름다움에 취하고 그 향기에는
봄의 완연함을 전하고 있음에
다시 봄을 알려주고 있다

저만치 라일락의 향기도
함께 하고 있음에 놀랐다
서로 앞다투어 향기를 뿜내며
노란색의 개나리꽃들과 함께

어린 시절 보랏빛의 라일락을
무척 좋아했던 생각이 난다
벚꽃의 향기가 시샘하듯
좌충우돌 내뿜고 있다

먼 하늘 본다, 행복함에 젖어
흰 구름 사이로 어릴 적 나를 본다
인생은 이렇게 행복이 파도처럼 밀려와
잔잔하게 추억을 기억하려 하지만
늘, 살아있음에 감사했다

무제12

사랑하는 사람이여
나를 불러보라 소리 높여 불러보라
하늘이 울리며 천지가 울리도록

사랑하는 이로 인하여
난 즐거움에 행복했노라
너로 말미암아 기쁨이 왔고
종달새처럼 지저귀고 싶었구나

산 넘어 바다 넘고 있을지라도
너의 향기는 날 감싸고 있었구나
어여쁜 자여 너에게 병거와 준마를 주리라
사랑이여 넌 엔게디 포도원의 고벨화 같구나

합환채가 향기를 뿜어내고
문 앞에는 귀한 여러 가지 열매가 열려있고
사랑하는 자를 위하여
준비한 꽃들이 만발하구나

봄에 관한 몇 가지

봄은 한겨울의 외투보다 훈훈하다
시장으로 서점으로 나가니
치자 빛 스웨터를 입은 여인들
마치 텃밭머리 뒤늦게 핀 갓꽃을 닮았어

연두색 봄비만 찾던 아이가
자두꽃이 피는 그늘에 앉아
꽃잎을 땅에 묻고 기도했지

꽃이 무럭무럭 피어
혼자 크는 이 자두나무
친구가 많아지게 해 주세요

봄 무늬 따라 눈길 머무는 곳

마음 골짜기에
사르르 녹아드는
한편의 봄 햇살 편지를
자주 쓰시던 그대

내 마음 뒤척이며 목마를 때
당신의 따스한 연서
당신의 순정 몰래 묻었습니다

이제 계절을 위하여
이제 당신을 위하여
그대의 영토에 봄풀로 자라나니

동 틈을 고대하며
소망 한 줌 품고 기도하렵니다
나약한 뿌리를 위하여 그대
등불이고 빛이 되어 주소서

시인의 운명

이미 우주에 점이었으나 나, 였으나
삼라만상을 품을 수 있었던 건
그(詩)가 전신으로 존재하기 때문이다
우거져 오던 사물과 관계의 혼란 속에서
그(詩)가 찾아와 질서를 용서를 주었다

이미 우리는 태어나기를 혼자였으나
찰나를 접고 마음이 자라
자궁의 의미는 상실되어 갔다
의심과 더불어 고뇌가 유영하는 삶

점, 나, 안으로 우주를 담기 위하여
그를 찾았다
한 올의 詩 그를 사랑함에
피고자 하는 꽃의 상흔은
세상의 시궁창조차 용서하라 하네

펜촉에 날을 갈아 언어를 곤두세워
허기와 빈혈에 스러지는 삶에
그의 영혼을 입히고 잉태를 꿈꾼다

몸은 귀로 열리고
세상의 소리와 모양은 눈물이다
절망했던 순간은 추억이 되어 갔다
그와 머무름의 희열을 가지고
고독과 외로움을 사랑하련다

그가 이제는 나를 시인이라 일컫는다
詩(우주)인 그가.

꽃 잔치

우리 고향에 찾아가면 지금쯤
꽃 잔치가 날마다 벌어졌지요
내가 그의 곁을 지나면 일제히
일어나 개나리는 와글와글
목련과 벚꽃이 순서대로
수런수런 눈부시게 흥겨웠어요

내가 왔다고, 내게서 나는
고향 냄새를 맡고요
갑자기 동시에 꽃잎들의 합창
봄바람은 내 몸을 휘감았지요

보리밭길 따라 아지랑이
아른아른 다가온 봄바람 손잡고
햇살 촘촘히 내리는 언덕을 걷는데
풀잎들이 소란한 몸짓으로

내 고향 남쪽나라 가자
봄이 오면 제일 먼저 달려가자
내 고향 꽃피는 언덕으로
어여쁜 너와 손잡고 떠나보자

내 안의 나에게

갓 삶아 건진 미나리의 풋풋함에 비유할까
아니면 산길에서 만난 잔풀들의 몸 비듬인가
아니 씨앗을 품고 있는
민들레의 무한한 은유에 비할까

너의 언어가 몸에 좋은 종균처럼
자꾸만 번식해서 옷깃조차 덧칠하던
생활의 형상화, 무한한 인연의 이끌림

삶이 반복하는 시간 속에
허름한 언어의 우울과 슬픔이
눌어붙고 있는지도 모를 일이었어
주춤대는 바람 한 줌 데려와도
내 책상에 시어로 다듬지 못하는
게으른 몸뚱이가 아직은 속수무책이다

널 고집하며 그리움의 획을 자꾸 긋는데
어쩌면 그로 인해 투정도 하고
무턱대고 기대볼지도 모를 날
헤아려 보지도 않고 말이다

그래도 괜찮겠니?
이 말로밖에 대신할 수 없는
나의 단세포 사고를 용서해다오.

등꽃이 필 무렵

이곳은 어디일까
하늘의 안식이 흐르는 줄 알았다
추억이 겹겹이 엉기어
흩어지던 바람의 향기

마당에 내어 걸린 기다림은
언제부터 짓물렀을까
아직도 인연이 목에 걸려 아프다
가슴보다 넓은 건 당신의 품
눈물 비벼 실컷 울어나 볼 일이다

필 줄 모르다가 다시 꿈꾸는 반란
돌아오라 예전의 피안이여 고요여
이토록 진한 향수가
당신의 기도로 부서질까 흐느낄까

기어코 그대 안에 내 안의 무지개
우수수 피어 우리라
언제 뿌리와 줄기 아닌 것에 기대어
생을 피웠더냐, 피울 수 있었더냐

임태

하늘 가까운 산 끝머리
소리 나지 않는 언어들이 모여 살았다

은빛 찬란하던 산벚과 조팝나무는
바람이 잦아들 때마다 수줍어 부끄러워
온몸을 낙락하게 흔들거렸다

어쩌다 찔리며 달래며 또한
수수하게 자라던 풀들에
지나가는 비바람이 앞섶을 풀어
휘적휘적 조각 비를 띄워 주었다

봉오리로 남아 고른 숨 돌이키던 나머지 들꽃
하필 햇빛도 노을도 지지 않던 그날
바람만이 몇 마디 빗줄기에 묻어
비뚤배뚤 다가온 그날,
일제히 일어서서 온 누리에 만개하더라.

두 모습을 가진 바다

너무 아름답고 잔잔한 바다
어제의 얼굴과는 너무나 다르다

천사는 지금 이곳에 있는 걸까?
이것이 바로 제주도 섬의 특권인가

5월의 여왕
라일락의 향기처럼

율도지 단독주택

2부 자연의 오페라

온 천지가
그 강렬한 힘을 얻어
새들은 노래하고
나뭇잎들은 춤을 추고

달맞이꽃

그는 밤이면
예쁜 노랑 옷 입고
웃음 안고 키 큰 채로
자신의 온갖 교태로
달님을 맞는다

달님은 환한 웃음을 담고
밤새도록 소곤거린다
여름밤이 짧기에
그들은 더욱 애절한 사랑을 나눈다

아침이 온다
달맞이꽃은
꽃잎을 모은 채 힘없이 꽃잎을 안고
곤한 잠에 빠진다
달님을 그리워하면서

칠곡산

하이얀 안개구름이 산을 가렸다
구름은 아무 생각 없었나 봐
산은 앞 나무를 보아야만 한다

한결같이 봐도 늘 보고픈 산
답답하다.
보일까 했는데 더욱 가려버린 안개들…
산은 울고 또 울었다

흠뻑 적셔있는 산야들
나무는 자신을 위하여 기다렸다가
한 것 깨끗하게 단장한 몸으로
더 푸르게 웃고 있다.

불꽃

강렬한 태양이 빨갛게 노랗게
물들었는가 했는데
이젠 불덩이로 변하였네

잿더미 속에 남아 있는
손톱보다 작은 불씨 하나
죽지 않은 채 다시 타오르기 시작하네.

그 열기 어찌 다 감당하랴
하늘이시여
대답할 자 없는가?

새벽의 풀잎

이른 아침
온몸에 목욕한 상태의 풀잎…
이슬 맞은 풀잎 볼수록 아름답다

자세히 보니 더욱 사랑스럽다

순수한 사랑을 하는 처녀처럼
해맑게 한껏 웃고 있는 그는
누구랑 사랑하는 걸까

자연의 오페라-

아침의 찬란한 햇빛
온 산과 들엔 하늘엔
구름 한 점까지 빨갛게 불타고
나무들도 이름 없는 꽃들도 풀잎
모든 만물이 춤추며
해님을 찬양하는 것만 같다

너무도 오랜만에 만나는
이른 아침의 그 햇살

마치 온 천지가 그 강렬한 힘을 얻어
새들은 노래하고
나뭇잎들은 춤을 추고
모든 만물은 힘을 얻게 하는
마치 큰 무대의 오페라와 같다

이것이 힘이다
희망이며 용기인 것이다

8월 16일 제주에서

늘 오는 바다
하루에 두 번
아침에 와서 잔잔한 그를 본다

햇빛이 바다에 와 있다
저녁의 바다
무척 화가 나 있다

파도는 소리치며
큰 바위에 부딪힌다
바람과 싸우고 있는 파도는
무섭도록 소릴 내고 있다

포구는 언제나 파도에 맞고 있다
파도의 힘이 얼마나 강할까
그 누구라도 잡아가 버린다
화난 바다는 무서웠다

두 얼굴의 바다는 참으로 무섭다
그래서 나는 매일 와서 봐야 한다
금빛 찬란한 바다의 아름다운
저녁노을의 빨간 하늘은
그 아름다움이 축복 그 자체다

추억 만들기

노을빛 벗 삼아 노닐다가
소리 없이 내려앉은
한줄기 푸른 꿈이다

올망졸망 즐기며
창가에 대롱대롱 매달아 놓은
수줍은 소녀의 꿈만큼이나 아름다운
유채색 파란 그리움이다

별빛 가득 담아서 쏟아 놓은
어슴푸레하게 그려놓은
몽환적인 동화 속에 살포시 다가가

한도 끝도 없이 자유로이 수놓은
우리들의 이야기이다

새들의 노래

새들의 조잘거리는 소리 때문에
늦잠을 잘 수가 없구나
아마 새들이 합창 연습을 하는 것 같다

새들의 합창 연주회가 모월 모시
언제쯤 열릴 진 알 수 없지만
그녀들은 매일 아침에도
저녁에도 연습을 한다

울음일까 노래일까 알 수는 없지만
욕망 때문일 거야, 사연이 있을 거야
애써 짐작하며 언제나처럼
날개를 펴고 상상의 나래를 펼쳐본다

난드르바당에서

은빛 바다가 너무나 아름답다
온 바다에 하늘의 천사들이
윤슬을 한껏 흩뿌렸구나
숲길, 잎사귀 구멍 사이로 볕뉘가 비치며
마치 숨바꼭질하는 요정들이 보이는 것 같다

이곳의 바다는
또 다른 맛깔스레 그윽하고 황홀한 곳,
석양이 질 때 바다 한켠을 바라다보며
흑돼지 한 점 맛보는 것
신묘하게도
즐거움과 운치를 선사해 준다

짭조름한 바다 내음과 진한 솔 향이 겹쳐
하루의 피로를 찻잔으로 음미하며
내 인생과 닮은 석양의 모습을 보며
달콤한 저녁의 시간에 나를 맡긴다

때 늦은, 아쉬움

그날이었을 거야
대나무 숲속을 지날 때
내 사랑하는 이를 만나게 되었다

나의 가슴 한구석에
언제나 자리 잡고 있던 그대였지만
(서로가 말없이 지나가 버렸네)
나의 눈에서 눈물이 흘러내리는 것이,

그땐 젊고 어리석었기에
사랑이 무엇인지 잘 깨닫지 못하였네
쉽게 생각하려 했지만 어리석은 나는
그 뜻을 알지 못해 눈물을 흘리고 말았다

이제 세월이 흘러 백발이 된 지금에서야
아쉬움과 후회스러움이 파도처럼 밀려와
내 가슴 한쪽을 아릿하게 한다

무더위

봄이었다
그곳에 안겨 오래도록 살고픈
그런 봄이 내게 있었지

이미 식어버린 열정은
어느 날 봄이 뿌리를 떠나면서부터
어쩌다 나무는 상심한다

하늘의 윤곽도 없는 건물 모퉁이
우물도 없는 아스팔트 한복판에
서서 나무는 모진 각혈을 한다

햇빛은 무기력하다가
한 움큼 알약처럼 바람을
허공에 뿌린다

그래도 하늘은 잠잠하다
쓰레기통을 뒤지다
고양이가 힐끗
나무를 뒤돌아 본다

다시 햇빛과 나무와 고양이의 하루가 무료하다

떠나지 못하는 여름

건물 벽에 기대선 바람이
흘깃 창문을 올려다본다
들어서다 기억해 낸 이름 하나
모락모락 수증기가 상징처럼
모퉁이를 돌아눕는다

툭툭 햇살이 꺾이는 오후
세월도 잘게 잘게 흩어져
거리는 수면처럼 까칠하다

알고 보니
호흡처럼 사랑했던 단편들이
주룩주룩 흘러 가슴은 흥건했다
아니 눅눅하다
언제나 흐르다 만 것은 무거운 습기일 뿐이다

꽃을 사고 포장지에 이름을 적었으나
한차례 바람이 일어
그의 여름과 포장지가 등 뒤에서
퍼득이다 흩어져 간다

발밑으로 입김 같은 체온이 흘렀다
가을인가 보다

가끔은 아주 가끔은

가출을 꿈꾸되
좀 더 멀리 달아나
숲을 찾고 바다를 찾아 떠나기

새벽에 눈을 뜨면
밥알처럼 쏟아지던
시간을 털고
한 번이어도 좋을
하늘 멀리 구름이라도
내님이라면 좋겠네

젖은 빨래를 널며 습관처럼
날고 싶은 어깨의 뒤틀림은
이제는 마주할 새가 되는 꿈

가끔은 아주 가끔은
숲도 바다도 한꺼번에 품으리라
고백하듯 달아오른 두 볼은
숲에 놓고 새순처럼 설레는 가슴은
파도에 씻길 차례여

시인의 강가에서

덥답니다
숲을 덮은 저 초록색 나무들조차
오늘은 한겨울에 꺼내 입은 털코트만큼
진땀을 흘리고 있지 않을까 싶습니다

생각 같아선 저 숲을 끌고 내려와
시인이 사는 강가에 실컷 퍼내
흠뻑 담가두고 싶은 심정입니다

그러고 보니 절묘한 조화군요
'산이 강 속에 잠긴다'
시인의 가슴에 강을 묻다

그건 질서의 무너짐이고
섭리가 흩어지고 법칙이 깨졌다는
흉흉한 소문도 세상에 나돌 겁니다

하지만 우리는 시인이기에
불변을 능가하는 말과 언어로
저들이 지어놓은 질서와 섭리 밖으로
나올 수가 있지 않은가요?

저들이 어찌할 수 없는 무더위 앞에서
어떻게든 싱싱한 바람과 무균질 산소를
우리는 공급해 낼 수 있습니다
그건 시인만이 할 수 있는 특권이지요

시인이시여!
그 특권의식을 한껏 누리셔도
그대는 이 여름 한낮에 손색이 없겠습니다

뻐꾸기는 절대 혼자서 우는 게 아니랍니다
강물이 어쩌다 강을 흔드는 것은
혼자서 그 마음 드러내는 것도 아니지요
그대가 내 마음을 움직였기에 강은…

당신이 존재하지 않으면 모두는
움직이지 않는 무채색 무생물이랍니다
당신이 있어 강물에 별과 달이 와서
하늘을 펼쳐두고 밤하늘을 수놓습니다
그러하기에 권태롭지 않은 강이겠지요

그래서 나는 강가의 시인을 사랑합니다

꿈으로 쓰는 일기

밤이란 숙명을 지탱하고 앉아
흩어지는 사고의 편린들을 꾀어 본다
무심코 버려두고 온 기억 없는 일기
다만 한낮의 기후는
눈썹 위에 무거운 잠으로 쏟아지네

다시 깨야 할 까닭 모를 꿈이라니
머리를 무겁게 누르고
안개 같은 통증을 주지 않았던가

정지된 듯 멈추어 선 듯
사물마다 흐르던 시간이
세포의 혈관까지 모두 뒤져낸 것은
그것은 그리움이었을까

그대의 미소 그대의 착한 동공은
일기 속에 번져 울먹이고
애써 비라도 내리 사흘 퍼붓는 날
찢어버린 가슴에 일기는
이미 사선을 그어 댔는데,

어둠이 변명처럼 싱싱한 이슬로 번진다
한낮의 마른 햇살은
어쩌면 밤이 기대고픈 버리고 떠나온
일기 속에 흩어진 옛 이름이 아니었을까

먼 산 그리움

세월의 그림자가 어느덧 먼 산 노을
마당에 감색 노을 지그시 눈 감으면
나, 거기 등불 밝혀 기다림 짓고

우리가 짓고 있던 은밀한 그리움
아직도 못다 하고 울먹인 그 세월
마음도 몸도 다 풀어놓고 그대의 품에
뭇 가슴 비벼 실컷 울어나 볼 일입니다.

가슴에 날마다 걸어두던 그 등이
꽃등이었나요. 고향의 등불처럼
이곳으로 오실 때 별빛처럼
임의 향기 흠뻑흠뻑 쏟아 비추소서

새벽 강

깊은 강물 퍼 올려 바다처럼 덮고
하늘 그리던 산
푸르르 몸 전체가 시리고 있던 산...

자꾸만 밟고 서도 엉키는 은하수
달빛에 채인 기억의 나무는
덩그러니 유년의 숲을 업고 서성인다

두엄만 한 지붕에서 불빛이 샌다
그가 걸어놓던 처마 끝 외등처럼
그 뒷모습이 참 슬프다

예전부터 인연으로 맺었을까
하나 둘 강으로 빠져가던 바람
기침 섞인 그의 밤늦은 평화는
불현듯 물살의 고요에 소스라친다

무턱대고 밤은 가고 새벽 오더니
봄눈처럼 그는 야위었다
내 그리움의 끝은 어디인가
강가에서 칭얼대던 그 기억의 실체

3부 기차가 닿는 그곳

이곳이 정녕 어디입니까,
나를 얽어맸던 끈이 느슨하게 풀어진 곳
기차가 한번 가면 되돌아오지 않는 곳

안개

안개 자욱한 이런 새벽
나무들은 흠뻑 물을 먹은 채
웃고 있는데

앞을 가늠 수 없는
안개 속으로
하염없이 달려만 간다

안개를 좋아하는 나무들 마냥
활짝 핀 배롱나무꽃 사이로
노래 부르는 꽃들은
춤을 추기 시작한다

살며시 불어주는 바람이 좋아
마냥 춤추며 노래 부르는
나무들이, 꽃들이
안개가 좋단다. 사랑하노라니

노을

노을을 본다
아름다운 노을을

저물어가는 가을이
이토록 아름답다는 것을
미처 알지 못한 채

흘러가는 세월 앞에
아침에 떠오르는 햇살보다
더욱 황홀한 노을,

인생의 노을은
이렇게 아름답지 못한 걸까

석고처럼 먼 노을을
보고 있노라면
황홀한 노을에 빠져들고 있다.

향수의 계절

창밖의 바람이 살짝
서늘한 느낌의 감각

어쩔 수 없는 계절은 이미
나의 방안에 들어와 있었네
불청객처럼 이방인처럼…

가을!
그는 언제나 그 누군가를
그리워하는 이름
기다리는 나무의 시간

서늘함의 느낌이 다정하기까지 한
가을은 향수의 계절

가을을 언제나 그리워하는 난
나 혼자만의 그리움의 향수인가

여명

나의 어여쁘고 귀여운 자야
일어나 나와 함께 가자

저 지평선 너머
우리들의 꿈과 이상이 있는 것을

여인 중에 가장 어여쁜 자야
네가 알지 못하겠거든
눈을 크게 뜨고 하늘을 보려무나

너의 눈동자는 새벽에
일어나는 어린 노루와도 같구나
여인 중에 어여쁜 자야
양떼의 발자취를 따라가 보라

너를 위하여 금 사슬에 은방울 만들리라
네 입술은 홍색실 같고
너울 속의 네 뺨은 석류 한 쪽 같구나.

한가위의 아침

까치가 울어댄다
길조인 듯 기분이 좋아진다
창문을 열어 전신줄에
나란히 앉아 있는 까치 둘
오늘따라 예뻐 보인다

어제는 어린 사슴 두 마리가
마을로 내려와 물을 먹고 있었다
가만가만 가까이 갔다

한참을 빤히 보고 있던 어린 사슴은 가버렸다
나의 웃음과 손짓에 놀란 듯
분명 길조인가 보다

괜스레 가슴이 뛴다
더욱 기분이 좋아진다
마치 어린 사슴처럼 나 또한 뛰고 싶다.

섬진강의 노을

고고하게 흐르는 섬진강 물결
저녁노을의 붉디붉은
색깔 속에 비친

춤을 추듯 넘실대는
붉은 빛깔의 너울이여

갈대 속에서 춤추는
저 물결들은
무엇을 향하여 달려가는가

노을 비친 물결은
고뇌와 고독을 토해내는
아우성 같은 소리

더 높이 외쳐보라
더 힘차게 달려가 보라
결국은 바다인 것을…!

수평선

이른 새벽 한가운데
눈부시게 솟아오르는 해님
그의 기세는 너무 힘 있다
찬란하다 못해 눈을 바로 볼 수가 없다

저녁노을을 보라
그는 너무 숭고하다 못하여
그 아름다운 모습
보는 이의 감탄, 감동케 한다

주변은 아름다운, 붉은색으로 물들어
마치 아름다운 신부가 빨간 드레스를
살며시 걸치고 걸어가는 모습처럼

꽃을 가꾸면서

아름다운 꽃을 가꾸면서 생각한다
넌 참 좋겠다 시들어 떨어져도
다음에 다시 태어나거늘

우리네 인생은 어찌하여
단 한 번뿐인 삶이란 말인가
그러기에 하루하루가
더욱 소중한 걸

열심히 더 행복하게 살아야 하는 거야
한 번뿐인 오늘 하루가
더욱 소중한 것이기에

평생에 오늘이란 하루는 두 번 없는 걸
연습이 없기에
더욱 소중한 것인가 보구나.

9월의 아침

아침 햇살이 나무숲 사이에서
방긋이 눈부시게 웃고 있고
상쾌하고 맑은 하늘이 아름답다

계절은 어김없이 찾아와
나의 곁에서 바람 되어
속삭인다 눈부시다

몇억 년의 세월이 흘러도
하늘과 바다 그리고 바람은
늙지도 않는구나
언제나 젊은이가 되어 싱그럽다

대자연

바다
이 넓은 바다는 고요 그 자체다
언제 바람을 일으켜 태풍이 왔던가?

거센 파도
성난 물결 거품을 토하며
바위에 부딪혀 하늘 높이 뛰던
그 성난 파도

소리치며 달려들어 마을까지
휘몰고 간 그 거센 파도는
지금은 어디로 갔단 말인가?

시치미 뚝 떼고
고요하게 아주 코발트와 같은
아름다운 색깔까지
이 모든 것이
대자연의 움직임을~
감히 누가 이겨낸단 말인가?

순천만의 갈대

장관을 이루는 갈대숲
저들의 속삭이는 소리
몸부림치며 서로 껴안고
춤추며 노래하는 잔치마당처럼

저 멀리서부터 노래하는
새들의 축복 속
바람 따라 물결치는
가느다란 몸매

마치 무희들의 춤처럼
아름답고 황홀한 갈대들의 춤
저물어가는 저녁노을에
더욱 아름다운 군락들의 그 자체

관객들의 눈들이 떠날 줄 모르고
함성 또 함성

그 깊이는 절개가 있어
폭풍이 와도 사나운 비바람이 불어도
뿌리는 넘어지지 않고
절개 있는 갈대의 순정이여

이 가을엔

이 가을에 사랑하게 하소서
가슴을 활짝 펴고
하늘을 보며 감사하며 살게 하소서

이 가을에 멋있게 아름답게 살게 하소서
낙엽을 밟으며
바삭바삭 발걸음의 무게가 무거웠나?

낙엽의 신음
아니 몸부림치는 소리
자신을 죽음으로 내던지면서까지
인간을 사랑했던 예수님처럼

이 가을에 소녀처럼 더 넓은 창공을 향하며
희망을 소리치게 하소서
붉은 장미 향기처럼
자신의 몸이 붉게 물들게 하소서

이 가을엔 사랑하게 하소서

바람과 파도

세찬 바람이 불어댄다
바닷가에 서있는 날 그냥
내버려두지 않는다
매미처럼 큰 나무에 매달려 있어도
금세 날아갈 것만 같다

바람은 바다를 가만두지 않고
강풍을 몰아대며 윽박지르고
우레 같은 소리를 질러 화가 난 파도
바위를 할퀴며 하얀 거품을 토하곤 했다

거센 파도는 견디기 힘들어 눈 흘기며
천둥 같은 소리를 지르면서 모든 것 삼키고 있다
얼마나 아플까, 그래서 소리치는 걸까

바람과 바다는
마치 전쟁놀이라도 하는 것 같다
자연의 광란을 즐기고 있는 것 같다
태풍에 사물들 흔들리고 아파하는 것 같다

아름답기만 했던 바다가
침묵 속에서 포효를 한다

밀감

파란 잎새 사이사이에 노랑 열매
아름답다 보암직스럽고 먹음직한 열매
그 속에서 꿀물이 흘러내릴 것 같다

바람에 흔들리면서 비가 오나 눈이 오나
열매는 한결같이 매달려 있어
주인을 기쁘게 환하게 웃게 한다

서귀포 곳곳에서 볼 수 있는 풍경
그림처럼 펼쳐주는 제주가 아름답다

밀감 2

파란 잎에 노랑 열매들
너무 많이 달려서 무거운 것인가
죽 늘어진 가지엔 노랑 꿈이 조롱조롱
매달려 있는 게 신기하기만 하다

무거워도 매달려 있는 밀감
비가 와도 눈이 와도 떨어질 줄 모르고
매달려 있는 것은 역시 건강한 밀감인가 보다

자연의 섭리라고나 할까
하나 따서 입에 넣으면 너무도 맛있다
차를 타고 가는 곳마다
곳곳에 이런 풍경이 그림처럼 펼쳐 있다

제주의 자랑이자 풍경인 것 같다
땅에 닿은 것들도 한결같이
노란 열매가 매달려 있다

가을 하늘

가을 하늘이 높고
아름답다는 것을 새삼 느낀다

날아가는 새가 있는 것도 아니다
높고 푸른 하늘에
하이얀 빨랫줄이 걸쳐있네

수놓고 있는 그 자체가 아름답다
나의 마음을 저 빨랫줄에 널어 볼가나

평온한 하늘
누가 꾸짖거나 나무랄 사람은 없는
높은 가을 하늘

도시인들이 하늘을 향하여
아름답다고 느끼지 못하면서
도시인들의 바쁜 생활 속에
살던 우리들의 일상

문득 가을 하늘을 본다
도시에서의 하늘도 역시나 아름답다

가슴이 몹시 아플 때
하늘을 우러러 눈을 높이어
정말 나는 행복한 사람임을
느끼게 하는구나

노랑 질감의 가을에 서성이는

계절의 문턱에서
어느새 샛노란 옷으로 치장한
은행잎, 겨울이 느긋하게 엄습한다

바람에 날려 뒹굴고 있는 산책의 물결
발아래 까마득하게 기억을 쫓는
뒹구는 낙엽 메마른 비명을 지른다

나는 간다고 노란 낙엽 되어
바람과 함께 뒹굴고 싶어 했지만

그 모습은 늘, 아름답다
몇 잎 예쁜 색으로 골라
책갈피에 깊숙하게 숨겨놓아야지

아침이슬 찬가

당신은 고요한 새벽에
가만가만 옵니다
창백한 피부로 창끝까지만 와서 때론
서리처럼 무거운 안개도 걷어 냈지요

당신은 오늘도 조용히 내게 와서
침묵하며 크는 풀꽃으로
온몸을 떨어 설레고 훌쩍 가버리나요

당신에게선 눈물 냄새가 나요
손목은 희고 입술은 젖어있어
나를 늘 전율케 해요
한낮의 삶에 용기를 줘요

오늘도 당신은 고백하지 못한 사연
주섬주섬 다듬어지고 서둘러 떠나는군요
그대를 붙잡으려는데 공연한 손짓이었습니다
욕심과 땀이 겹친 세상에 순간 나왔다가
가슴이 타버리고 말 그대인 것을

내 친구 J는

소박한 들꽃처럼
은은한 향기를 품어 내는
나의 친구야

고단하고 지친 삶 속에
외로움의 터널을 터벅거릴 때
여린 꽃잎 같은 너로 인해
나는 어둠을 빠져나왔다

약속도 맹세도 없었건만
오랜 세월 소리 없는
언약이 되었고
변함없는 우정의 답이 섰다

힘들고 어려울 때
든든한 버팀목이 되어주던 친구야
정이야 감추면 되겠지만
고마운 마음은 감출 수가 없구나

쳇바퀴처럼 배분된 일상
가슴 바닥에 달아 붙은
자존심까지 덤으로 얹어서 팔아버린
나른한 육신을 신앙에 지탱하며
웃음으로 씻어내던 너

오른손이 하는 일
왼손이 모르게 눈물 삭이며
어엿한 집 한 채 없어도
가슴안에는 여러 채인
따뜻한 집을 지은 친구야

소중한 우정 세월도
사랑도 시샘 내는 가음 없는 우정
풍성한 마음을 가진
어둠 속에 빛나는 별처럼

나보다 훨씬 높은 곳에 사는
그리움의 별
자랑하고 싶은 큰 별인 내 친구

내 친구 j는 2

흔들림 없는 삶
풍성한 마음가짐
메마른 들꽃처럼 코스모스처럼
여린 모습과는 다르게 가시가 있어
매혹적인 장미꽃이 되었다가
현숙하고 우아한 튤립이었다가

때로는 담장 밖으로
긴 가시를 축축 늘어뜨리며
길손들을 유혹하는
화려한 능소화가 되기도 하지

때로는 엄마처럼 선생님같이
성서의 말씀으로 짚어주는
지혜로운 친구야

저물녘
이따금 생각하는 것만으로 한결같은 정
사랑이 아픈 관심이고 달콤한 고통이라면
우정은 퍼내어도 끊임없이 솟아나는
영원한 샘물 같은 내 친구 j야

차 한 잔의 행복

나는 지금 당신이
어깨에 내려준 사랑의 물결을 타고
당신과 나눈 따뜻한 언어의
마디마디를 새벽의 한기에
살짝 적셔 두었습니다.

늘 나를 깨워 두는 밤의 이치를
당신의 애띤 몸짓과
티 없는 이슬의 내림으로
내가 순수를 지킬 수 있다는 거
새벽의 살갗에 품고 지나갑니다.

낙엽의 연서

가을을 깊이 사색하다 보면
찬란한 비늘처럼 반짝이는
언어들이 있습니다

그건 되도록
선과 날이 반듯한 낙엽이
나뭇잎을 부인하기도 하고

결국 낙엽이 한 통의 연서로
이 가을을 위로하려는
바람이 남더랍니다

그의 첫 느낌은
그토록 예리하고 싱싱했었습니다
흠칫, 난촉처럼 예민하던
때로는 온유한 온도가 내려
한 때 내 삶의 언덕은 가을이었습니다

나는 제자리만 맴돌다
감히 그 호흡조차 훔치지 못하고
펄럭이던 바람조차 그늘로
나를 은둔하겠다고 했을 때
나는 핏기없는 한갓 나뭇잎처럼
단 한 줄의 희망조차 꺼내 쓰지 못한
낡고 폐쇄된 나뭇잎이었지요

그대의 계절 가을의 언덕에 앉았습니다
빛처럼 시라는 별이 마구 쏟아집니다
밤도 낮도 지새려는 저 물살처럼
언제까지 식거나 마르지 않겠구나 라는
느낌을 지울 수가 없었답니다

첫가을을 맞아 내 추억의 나무에는
나뭇잎보다 혹은 낙엽보다 더 깊은 사연으로
그 인연 촘촘히 맺어두고 떠나겠습니다

따뜻한 그대 마음을 다시 짚으며...

기차가 닿는 그곳

모두가 소망하는 여행이라는 것에 대해,
그래서 기차를 꿈꾸게 되고
기차가 흘러가는 곳에 내가 닿으면
지나쳐온 인연의 신호등은 옅어져 이제
상처는 둔해지고 삶은 아프지 않아

이곳이 정녕 어디입니까,
나를 얽어맸던 끈이 느슨하게 풀어진 곳
기차가 한번 가면 되돌아오지 않는 곳

바짝 여몄던 삶의 단추가
어긋나거나 한두 개는 떨어져도
불편하다고 여기지 않더니,
부드러운 질감의 다른 나뭇잎처럼
생의 단추를 바람에 깁고 있었으니

삶이 조금 비뚤어도 투툭 떨어져
어느 순간 계절이 안고 가던 그대
그야말로 기차가 한번 떠나간 그곳에서…

4부 내 마음 모든 것을

고뇌 속 끊임없이 일그러진
내 조그만 가슴과 눈망울은
온통 기다림이 채워져 있어요.

외사랑

탯줄처럼 질긴 적막은
내 이마에서
오늘도 지지 않습니다

기다려도 오지 않는 님
옷깃에 눈물만 서리서리
맺히어옵니다

별이 뜨고 해가 질 때
정숙한 달빛으로
침묵하며 다가오실 님

알알이 품어온 외사랑
오늘도 하늘 멀리
그리움 향기로 향합니다.

도시의 거리

거리에 선다
움직이는 소리
비트는 악기

산소인가
안개인가
세균일까
허공의 입자들

갈증
천식
피로
흔들리는 내장

발산의 기미
화약의 무절제
건조한 환희

내 안의 부자유
기억을 닫고 돌아선다

삶의 부재만이 머물던 어느 날 도시의 거리

아름다운 강산

길손의 그림 이야기가
너는 날 사랑하느냐
나의 아픔을 너도 체험해 보렴.
그리고 나의 진정한
사랑이 될 수 있다고
자신을 돌아보는 시간이
필요한 것이다
쉼을 누리지 못하면
자신을 볼 수 없다

모든 만물은
사람을 위해 존재하는 것
사람들은 자연의
고마움을 알지 못하고
감사도 잊어버린 채
황저우의 동상처럼
바람은 사람들 사이도
나무 사이도 뚫고 지나간다.
아무 미움도 원망도 없이

내 마음 모든 것을

사뭇 그리운 임이었기에,
숨죽이며 창백한 모습으로
당신의 모습을 찾고 있네요

바람은 고독에의 말벗인 양
속삭이며 다가오는데
휑하게 비어버린 허공을 향하여
나는 버려졌고

냉소일 수도 없는 그리움이
몸부림치는 흐느낌으로
고뇌 속 끊임없이 일그러진
내 조그만 가슴과 눈망울은
온통 기다림이 채워져 있어요.

겨울

바람이 세차게 분다
문풍지도 따라서 울어댄다
길게 혹은 짧게 겨울의 문풍지는
바쁘게 울고 있다

어디선가 새벽의 적막을 깨고
강아지가 짖어 대는 소리가
너무나 처량하게 들리고 있다
추운 탓일 거야

고요한 새벽
바람의 소리와 이따금 짖어대는
강아지의 소리가 하모니가 되어
멀리 더욱더 멀리 들릴 것 같아
고요한 새벽의 적막에

아가페 사랑

人生이란
왕복이 없는 승차권 한 장만 손에 쥐고
떠나는 여행과 같은 것 같다

다시는 돌아갈 수 없는 길고도 짧은 여행 같다
그 길고도 짧은 인생의 항로
험한 풍랑에 수없이도 좌초되고 침몰한
뻔한 파란만장한 여정이었다

믿음과 사랑으로 인생길을 같이 걷던 동반자
그는 친구와 사랑하는 가족을 둔 채
미련 없이 자신의 삶을 마감하고
홀연히 떠나가 버렸다

누가 감히 그 길을 막으랴
축대 무너진 벼랑에 떨어진 것 같은 허무와 절망
세상이 온통 나 혼자 우뚝 서 있는 것만 같은 허무
고독이랄까?

주님 이제 어떻게 하면 됩니까?
독백하듯 주님께 항의 같던 어리석은 나의 기도
왜 먼저 데리고 간 거냐고

내가 먼저 갔어야 되는데요 주님
나그네 같은 인생인 줄 익히 알고 있으면서
너무 열심히 살다 보니 이젠 아무 소용없는 빈 껍질,
빈 깡통 같았다

외로운 줄 알았는데 고독했던 것이었다
주님은 언제나처럼
내가 외로울 때도 고독할 때도
나의 가장 소중한 친구였던 주님

이젠 좀 더 높은 삶의 의지를 갖고
목적의식만 망각하지 않는 한
나의 곁에는 아들과 딸이 있고
주님이 늘 나의 옆에 계시기에……

눈

눈이 내린다
산에도 들에도 고속도로에도
하얗게 내리는 눈은
춤을 추며 사뿐히 내리고 있다

내리는 곳이 길이면 어떠하리
산이면 어떠하랴
온천지를 하얗게 만들어 놓은
백의의 천사라고나 할까

나이를 먹은 할머니면 어떠하랴
어린아이면 어떠하리
좋아라 소리치고 손뼉 치며
눈 위를 뒹굴고

동심에서 천진하게
맘껏 뛰고 싶은걸
눈사람을 만들며 눈과 코와 입을
만들어 보니 너무 행복했다

저녁노을

수평선이 얹어놓은 가을의 저녁노을
붉디붉은 햇빛, 해님을
나는 바라볼 수가 없다

눈부신 붉은 해님은
창밖의 백미러에 비치는 햇살
작별하지 않고 떠난다고
더욱 반짝인다.

가는 곳마다 다른 분위기와
색깔들이 아름답다
해님이여 찰랑함이여

인생

님이시여!!
나의 마음을 아시지요?
그 긴 고개를 넘어서면서
빨리 님의 곁에 가고 싶은 마음을
그 어려운 고비를 또 달려
가야만 했습니다

숨 가쁘고 고달픈
육십 고개를 올라설 때는
이미 흰 눈으로 가득한 머리에는
이젠 달려갈 힘마저 상실한 채

무거운 발걸음을 옮겨야 했나이다
몸은 만신창이가 되어
피를 흘리면서 칠십이란
높은 계단을 향해야만 했나이다

머리에는 서리 맞은 흰 송이를
무겁게 얹은 채
더 빨리 달리지도 걸을 수도 없는
한숨만을 내 품고선

힘들구나! 긴 한숨뿐이었어요
님이시여 인생은 즐거웠어요
영화 속의 주인공이
되어 웃기도 하고 울기도 하였지만

그러나 행복했습니다
삶이란 그런 것인가 봅니다
어차피 남은 삶을
더 보람되게 살아야 할까 봅니다.

세월

세월~ 참 빠르게도 지나가 버린다
젊을 땐 깨닫지도 느끼지도
못하고 살았던 세월

멀리도 달려왔구나
하고 느낄 땐 난 이미 백발이 되어 있고
얼굴엔 잔주름과 구석구석이 아픈 것뿐이구나

그 귀중한 세월을 깨닫지 못하고 살아온 날들
그 시간들이 얼마나 귀한 것임을 알았을 땐
이미 난 아무것도 할 수 없다는 것을…

자식들에게 잘하지도 못하였지만
그 자식들에게 받고 싶은 한마디
"엄마 사랑해요, 고생했어요"라는 말 한마디 듣고 싶다
언제인가 알 수 없지만
내가 눈을 감기 전에…

지심도의 동백

동백꽃 붉게 치는 지심도
숨비소리

몇백 년의 오랜 세월
비바람이 불어도 태풍이 몰려와도
임 기다리는 동백나무
기다리다 지쳐서

붉은 피를 토하며 또 토하여도
여전히 자리에서 떠날 줄 모른 체
오늘도 기다리는 동백나무

얼마나 긴 세월이었기에
몇 아름의 둘레를 지탱하기 힘들어
늙은 동백은 무거운 지팡이를 짚고
오늘도 임 그리워하며
지심도의 절개 있는 동백나무여

병실에서

무수한 하늘의 별들
반짝반짝 빛나는
점멸의 신호는 무엇일까

저 별들 속에서 엄마의
찬란한 별도 어딘가 자리하겠지
사무치게 그립다, 엄마의 미소가

생각할수록
눈물이 앞다투어 강물처럼 흐른다
가슴 미어지고 아릿한 추억의 향기가
눈빛에 이랑을 만들어 눈물 나게 그립다

엄마의 존재,
당신의 실루엣은 언제나
내 가슴 한켠에 자리 잡고 맴돌며
아름다운 저물녘의 숲길처럼
아련하게 다가왔다 멀어져간다

기도

주님! 이 나라를 보소서
속으로 깊이 곪아가고 있는
이 백성을 보소서

나라와 민족을 위하여
눈물로 호소하며
기도하는 모습을…

니누에 성에 의인 10명이 없어
멸망당하는 그런 나라는 아니지요

주님! 오늘날 어린 다윗과 같은
용맹한 사람이 있는 나라
잔다르크와 같은 소녀가 자신의
생명을 바치면서 용감히 달리는
그런 나라가 되게 하소서

나라와 민족을 위하여 눈물로 기도하는
기도의 용사가 있는 나라
오 주여! 불쌍히 여기소서

오는 날

눈이 오시는구나
파아란 잎에 주먹만 한 열매들
하늘거리는 소나무 밑에도

소리 없이 내리는 눈
조용한 그 자체 아름다운 모습

어느 사이 담장에도 장독 위에도
골목길에도 하얗게 내리고 있구나
예쁜 모습 신부의 모습처럼

친구

저녁노을 같은 인생길
언제 어느 때 저 먼 길 떠날지
알 수 없는 석양처럼 바람처럼
홀연히 떠나버릴 이슬 같은 인생

늘 가슴속에 새겨 따뜻한 마음 간직한
변함없는 친구들 그리워진다
멀리 있던 가까이 있던 잔잔히
흐르는 강물처럼 가슴속에 그리움이 밀려오고

그대로 물밑 그림자 되어
오염되지 않은 맑고 맑은 산속의
옹달샘처럼 솟아 나오는 우정이 그립다

내가 외로울 때 따뜻한 말 한마디
그런 친구가 그리워진다
만나지 않아도 그리움이 있는 친구

내 인생 동반자 같은 친구
춥고 얼어붙은 마음을 녹이는
훈훈한 친구, 이제 그리워지는 친구들

해금강에 서서

물오른 새 한 마리 해를 품어
천상에서 내려온 춤사위에
잠시 넋이나 잃어주소
그대가 길어다 놓은 저녁노을 위
홍조 띄운 낮달 지거든
꿈결처럼 아득타 마시고
허허로운 바람이 추락하여 표류한
세월이라 여겨 잠시,
그대 섬으로 남아 홀로 쓸어주소서
아무도 머물지 않는 맨땅에
나 허전하여 그대 찾거든
잔잔한 물결 다시 한번 일어
상처 깊은 살갗으로 다만 출렁이어 오소서

여인

내 평생 그리운 것은
가슴에 멍울처럼 고여 놓은
홀로 적막과도 같은 사랑 하나

이젠 껍질만 남아 세월 속에 눌어붙고
한숨의 길이엔 비로소 져야 하는
꽃잎의 처연함이 오늘도 고열로 끓어
이젠 신음만 남을 차례

외롭다 할 그립다 할 태곳적 바램조차
나는 죄가 되어 바람만 불어도 움찔,
가슴을 웅크리지 않았던가

무지의 파편처럼 흩어져만 가던
세월 속의 그리움
이제는 줄기도 버리고
뿌리조차 흔들리는 경계에서

또 한 번 무너지며
사랑이란 심지는 기어코
켜지고야 말리라 그러하리라
사랑하고 싶은 그대에게
내 마음은 언제나 기도로 닿았으리니

수필

중노듯 전설

노듯, 섬과 섬 사이 바다와 육지를 잇는 옛길로 갯벌 위에 차근차근 디딤돌을 놓아서 만든 다리다. 썰물이면 갯벌이 둘러싼 돌무덤이 나타나고 밀물이면 물밑으로 사라지는 돌로 만든 곳이다. 박지도와 반월도는 호수 같은 바다를 사이에 두고 마주 보고 있다. 두 섬 사이에 있는데 지금은 희미하게 흔적이 남아있는 옛날부터 전해 내려오는 이야기가 있다.

옛날에 그와 멀지 않은 박지도 산속에 조그마한 암자가 있었고 반월도 뒷산에도 아담한 암자가 있었다. 지금은 암자 터와 우물이 남아있다. 박지도 암자에는 젊은 비구니 스님 한 분이 반월도 암자에는 비구 스님 한 분이 살았다. 박지도 스님은 멀리 건너편 섬의 암자에서 어른거리는 반월도 스님을 생각했다. 반월도 비구 스님도 건너편 암자굴 오가는 비구니 스님을 그리워하고 연모했다. 바다 건너 무언의 연서가 달빛으로 오가고 밀물과 썰물이 교대로 다녀가며 서로의 마음을 전했다.

그리움만 가득할 뿐 밀물이면 바닷물이 가로막고 썰물

이면 허벅지까지 빠지는 갯벌이 가로막아 가까이 다가갈 수도 서로의 안부를 묻거나 오고 갈 수도 없었다. 달 밝은 밤이면 휘영청 밝은 달빛을 타고 반월도 암자에서 불공드리는 비구승의 목탁소리가 갯벌 건너까지 어렴풋이 들려왔다. 희뿌연 새벽안개가 바다 위에 버티는 시간이면 박지도에서 울리는 낭랑한 새벽 예불 소리가 갯벌을 걸어 반월도에 선명하게 와 닿았다.

보이지 않아서 더욱 그리운 마음은 사모의 정으로 날마다 깊어졌다. 그렇게 시간이 흐르던 어느 날 반월도 비구스님은 망태에 돌을 담아 나르고 박지도 비구니 스님도 똑같은 마음으로 쉼 없이 돌무더기를 날랐다.

젊은 스님은 어느덧 중년이 되고 꽃 같은 박지도 비구니도 어느덧 중년의 여인이 되었다. 겨울이 와서 찬 눈보라가 갯벌에 몰아칠 때도 염천의 불볕더위가 작렬하는 눈부신 날에도 산 벚꽃이 휘날리는 낮에도 낙엽이 암자 지붕을 덮는 가을날에도 사랑의 돌무더기는 날마다 앞으로 앞으로 그리운 사람을 향하여 놓였다.

건너편에서 그것을 지켜보던 바구니스님도 산돌을 차곡차곡 주워 모아 갯벌 위에 디딤돌을 놓기 시작했다. 그렇게 섬과 섬을 잇는 돌무더기 옮기기를 1년, 2년 지나고 몇 년이 지나갔다.

박지도를 향하여 시작된 돌다리는 사람의 실핏줄처럼 조금씩 조금씩 가까이 다가가고 있었다. 한 망태라도 내가 더 놓아야 저 사람이 덜 힘들겠지. 둘은 똑같은 마음으로 쉼 없이 돌무더기를 날랐다. 마침내 양쪽에서 시작된 노둣길이 갯벌 가운데서 연결되던 추운 겨울 어느 날 마침내 두 사람은 노둣길 가운데서 마주 섰다. 마지막 한 무더기의 돌멩이를 남은 한걸음에 쏟아붓고 둘은 한참 동안 장승처럼 굳어져 마주 바라보았다.

 어느새 늘어난 잔주름살 위로 굵은 눈물방울이 떨어졌다. 이 돌은 마주 보고 거칠어진 서로의 손을 어루만지고 갯바람에 탄 서로의 얼굴을 쓰다듬고 여기까지 오느라 참으로 애썼죠. 고생 많았소. 서로의 고단한 어깨를 끌어안고 쓰다듬으며 석양이 뉘엿하도록 둘은 그 자리에서 움직일 줄 몰랐다. 너무 먼 곳까지 돌아온 것일까? 바다에 밀물이 들어 물이 차오르기 시작했다. 찰랑찰랑 노둣돌을 어루만지던 바닷물은 급격한 속도로 불어나기 시작하여 수위가 높아져 갔다.

 어느새 바닷물은 발목을 넘었고 섬을 돌아본 두 사람은 너무 멀리 와버려 돌아갈 길이 사라졌다는 것을 알았다. 바닷물은 멈추지 않고 불어나 갯벌을 덮기 시작했다. 물은 정강이까지 차고 허벅지를 휘감고 허리까지 차올랐다. 이제 두 사람은 망망한 바다 한가운데서 한몸처럼 서 있게 되었다.

 박지도 사람들과 반월도 사람들은 바닷물에 잠겨가는 두 사람을 바라보며 발을 동동 구르며 양쪽에서 배를 띄우고 바다 가운데로 나갔지만 이미 바닷물은 두 사람의 그림자마저 삼켜 버리고 자잘한 파도만 가쁜 숨결처럼 찰랑이고 있었다. 다시 썰물이 되어 바닷물이 빠져나간 갯벌에는 돌무더기 길만 박지도에서 반월도까지 이어져 있을 뿐 두 스님의 모습은 끝내 찾을 길이 없었다고 한다. 지금도 그 노둣길 흔적이 흐릿하게 갯벌 위에 남아있다. 그 갯벌에 돌무더기로 놓인 길을 "중노둣길"이라고 부른다. 전설 같은 이 이야기는 지금도 전해지고 있다.

감상평

시집 『꿈으로 쓰는 일기』

자연과 삶에
내 인생을 붓칠하다

이화엽 | 시인 · 도서출판때꼴 발행인

늦봄이거나 첫 여름이 푸릇푸릇 무성하게 익어가는 계절의 길목이었을 것이다. 마침, 꽃들은 지는 것을 두려워하지 않고 저마다 툭툭 서슴없이 제 몸을 땅에 묻는다. 아마도 다시 잉태할 생명의 순환과 섭리를 예언하고 체득하고 있다는 까닭이리라. 선생의 집으로 갔을 때 때맞춰 비가 봄바람에 취한 듯 쏟아지고 있었다. 회생의 몸부림으로 꽃은 죽어 다시 그러한 순간을 맞는지 모를 일이었다.

아직은 그래도 봄이라고, 우리는 이 계절을 마저 사랑하고 떠나야겠기에 옷깃을 스치고 떠나는 그림자의 뒷모습을 바라보노라, 비바람에 펄럭이는 야윈 꽃잎만큼이나 콧등을 훑는 외로움을 견디기로 하였다. 견디는 것은 여기 머물며 떠나는 너를 응시하는 일 아니겠는가. 지는 꽃이 그 자리에서 피고 지기를 반복하듯 머무름에 대하여 선생과 나는 베란다의 통창이 바짝 붙은 거실에 앉아 부드러운 멜론을 먹으며 봄비를 오도카니 바라보았다.

봄을 보내지 않으려는, 혹은 보내야 하는 마음을 포개고 앉아 시인의 음영에 드리워진 피로한 기색에서 나는 어떤 여유로움과 너그러운 삶의 관조를 느꼈다. 오랫동안 넉넉한 시상을 사색하는 시인의 침묵을 묵묵히 거들고 있었다. 그것은 함께 비를 바라보며 소소한 이 시간을 공존하는 일이었다. 그만큼 시인의 시는 고요한 온실 안의 햇살이거나 연못가의 물고기 노닐듯, 노을이 깃든 오후처럼 평화롭고 고즈넉했다. 모든 비바람과 풍랑이 잦아든 후 비추는 햇살, 고단한 생의 터널을 건넌 후 맞이하는 시의 전원이고 평야인 것이다.

> *이슬비가 소리 없이*
> *아주 조용히 나의 온몸을 적시고 있다*
> *그래서, 봄이었구나*
> *그리하여 무거운 외투가 벗어졌구나*

> - 「봄비」 중에서

   시가 걸어서 내 곁에 오는 동안 시는 그녀가 살아가는 그리고 살아왔을 시간의 여백에 고인 인연 또는 고뇌에 대해 살핀다. 살아온 기억이 추억의 단편과 장편으로 펼쳐지는 삶의 이젤이다. 화폭을 펴고 이곳에 몸으로 사색으로 고백의 붓칠로 시는 리얼리티와 니힐리즘에 이르게 된다.

   시인과 하나의 집, 최대한 형체를 갖추면서 그림은 인생의 실루엣이 되기도 한다. 노경자 시인은 시인이면서 화가로서도 세간의 명성이 자자하다. 시와 그림은 시인에겐 다른 장르가 아닌 하나의 맥락을 유지하며 이상세계와 꿈을 하나로 집결한다. 그러면서 다가가는 사상과 언어를 또 다른 형식의 혼연일체로 그려낸다. 바로 그녀의 그림이고 시다. 대부분 '나'와

'시'는 이질감이 없으면서 완전체를 이룰 때 인간의 철학과 오묘한 이상의 세계는 진리로 변화되고 이것을 믿고 지향하며 우리는 인간을 완성해 가는 것이다. 그러므로 시는 나이고 자아이면서 내 꿈이기도 하다. 갑자기 비가 요란한 바람에 취해 흔들리다가 고요해지는 까닭은 시인 곁으로 걸어오는 동안 거친 생각, 고달픈 사연이 순화되고 무디어졌기 때문이다. 내 몸을 적시는 봄비는 봄을 짓고 다시 봄을 맞아 내 인생의 첫날, 시인은 샛노란 개나리로 수려한 수선화로 피었다.

봄을 맞이하기 위해, 기다린 간절한 마음이었기에/ 이슬비를 온몸으로 받아 안아주었다/ 코로나19의 영향 탓으로 조심스레// 외출을 자제했지만 한껏, 우산도 없이/ 개나리가 지천에 노랗게 핀 거리에도/ 봄의 전령사인 수선화도 예쁘게 웃고 있었다

-「봄비」부분

그녀가 꽃이었다. 시였음을, 시를 쓰는 그녀의 손끝에서 꽃잎의 언어가 뿌려지는 까닭이다. 언어의 꽃은 그녀의 아침으로부터 시작해 시간과 관계의 서시를 쓰고 다시, 노을을 펼치듯 저녁의 일기로 돌아와 하루를 정리한다. 그녀의 인생 노트에 스민 시와 삶을 찬찬히 엿보고 한다.

바다
이 넓은 바다는 고요 그 자체다
언제 바람을 일으켜 태풍이 왔던가?

거센 파도

성난 물결 거품을 토하며
바위에 부딪혀 하늘 높이 뛰던
그 성난 파도

-중략-

이 모든 것이
대자연의 움직임을~
감히 누가 이겨낸단 말인가?

- 「대자연」 중에서

　인생이 담긴 꿈의 무지개를 만나러 산을 넘고 강을 건너 온종일 바다가 들썩이는 선생의 마을 광안리... 날마다 맨발로 모래사장을 걷노라면 전신의 바다가 몸 안으로 깊이 들어온다고 하였다. 식탁에 그 바다를 쏟아놓고 다시 바다를 음미하며 시작하는 일상은 바다의 심성을 자꾸 닮아가는 듯 그 품만큼 넓어지는 시의 양상을 이해하게 되고 끄덕이게 된다.

　사는 동안 아니 이전의 겨울까지 문학과 삶은 저 바다가 토하는 밀물이었다가 썰물로 빠지기도 했을, 때로는 그녀의 바다에선 무수히 꽃이 피고 풍랑이듯 파도치듯 사랑과 이별이, 시와 삶이 수없는 윤슬로 부딪다가 깨지며 다시 그것은 평정의 바다였으리라.

　거센 파도/ 성난 물결 거품을 토하며/ 바위에 부딪혀 하늘 높이 뛰

감상평　111

던/ 그 성난 파도// 소리치며 달려들어 마을까지/ 휘몰고 간 그 거센 파도는/ 지금은 어디로 갔단 말인가? -「대자연」중에서 보면, 언제 바람을 일으켜 태풍이 왔느냐는 기억을 잊은 듯 까마득한 시간으로 저 멀리 두고 온 듯, 내 인생의 모진 풍랑과 태풍은 다 잊은 듯이 절레절레 마음의 고개를 흔든다. 그러나 아니다.

시는 현재 지독한 반어를 통해 내가 모를 리 없고, 고단하고 쓰라린 고통을 애써 녹이고 뭉개면서 반전의 날개를 달고 가벼워지기를 애쓰는 모습이다. 이제는 괜찮다. 시는 고통을 주무르고 어루만져 이제 시치미 뚝 떼고 코발트빛 하늘과 맞닿은 수평선을 바라보는 시인이다.

> 이미 우주에 점이었으나 나, 였으나
> 삼라만상을 품을 수 있었던 건
> 그(詩)가 전신으로 존재하기 때문이다
> 우거져 오던 사물과 관계의 혼란 속에서
> 그(詩)가 찾아와 질서를 용서를 주었다
>
> -「시인의 운명」중에서

시의 역사는 지금도 현재 시인의 삶이고 관계이며 마음의 우주를 말한다. 문학소녀는 일기장만큼 시를 매일 썼고 학교에서 집에서 그리고 일터에서 시는 세수하듯 양치질하듯 습관처럼 메모가 되고 습작하는 노트가 되었다.

고유한 그녀만의 언어와 시어로서 글은 승화하여 시인만의 소중한 작품집이 되었다. 어느 날 어떤 연유에서 수십 권의 노트가 불에 타고 말았다. 안타까운 사건으로 더욱 시는 시인의 애끓는 심정이 되었고 상처 난 심장에 새살이 돋듯 시를 위한 삶은 더 여물어갔다.

 늘 만나는 시인의 자태는 달빛에 내린 우물같이 맑았으며 세 모시 옥빛 저고리 고름처럼 단아하고 정갈하였다. 하지만 생의 나이테를 그리는 시간, 연륜을 쌓고 쌓는 동안 산다는 것이 어찌 봄날 아지랑이처럼 눈부시고 나른하겠으며 연못의 물결이 듯 삶이 수평적이겠는가.

 비가 뿌리는 한낮의 바람은 비를 거세게 휘감으며 소용돌이로 질서를 무너뜨리고 여기저기 들판에 산발한 들꽃은 바람에 휘청거리며 곧 쓰러진다. 마음은 신산스러우나 다시 일어서길 반복하며 생을 견디는 것이다. 어떤 부분 시의 행간 행간에서 거친 한숨이 새어 나오기도 하고, 시가 가파른 삶의 골짜기를 타고 오를 땐 쓰라린 기억이나 상처가 마음의 서랍에서 고스란히 쏟아지는 현상도 있다.

> 이미 우리는 태어나기를 혼자였으나
> 찰나를 접고 마음이 자라
> 자궁의 의미는 상실되어 갔다
> 의심과 더불어 고뇌가 유영하는 삶
>
> 점, 나, 안으로 우주를 담기 위하여
> 그를 찾았다
> 한 올의 詩 그를 사랑함에
> 피고자 하는 꽃의 상흔은

세상의 시궁창조차 용서하라 하네

-「시인의 운명」 중에서

고뇌가 많은 나날은 끊임없이 세상에서 유영하며 가시에 찔리기도 하고 사금파리에 밟히는 등, 서로 충돌하여 깨지면서 무디어져 무지개로 활짝 피어나는 것이다. 길에서 공원에서 헤프게 짙어지는 푸른 숲의 지층을 보라, 그늘도 없이 뜨거운 태양을 지고 땀 흘릴 때 나무는 다시 무늬를 짜고 열매를 살찌우며 다시 계절을 숙성시킨다. 도시의 나뭇잎이 시들고 계절이 없는 들판에서 욕망과 욕심을 버릴 때 비로소 새 생명을 얻고 나무 한 그루(시)가 태어난다.

시인의 시는 날마다 도시의 건널목에서 굶주린 새와 헐벗은 나무에게 새로운 영혼의 옷을 입히고 평화와 안녕으로 시를 가꾸며 새로운 계절의 잉태를 꿈꾼다. 이것이 시의 몫이고 시인의 운명이라 하겠다. 생명의 시는 뿌리와 점과 선을 잇고, 나(자아)로부터 비롯되는 모든 순간과 찰나는 하늘의 별이 되기도 한다. 그녀의 시들은 이제 이웃으로 와서 그리움도 포개며 외로움도 사랑한다.

새들의 조잘거리는 소리 때문에
늦잠을 잘 수가 없구나
아마 새들이 합창 연습을 하는 것 같다

새들의 합창 연주회가 모월 모시
언제쯤 열릴 진 알 수 없지만

그녀들은 매일 아침에도
저녁에도 연습을 한다

울음일까 노래일까 알 수는 없지만
욕망 때문일 거야, 사연이 있을 거야
애써 짐작하며 언제나처럼
날개를 펴고 상상의 나래를 펼쳐본다

-「새들의 노래」 전문

詩는 낯선 것으로부터의 익숙함이고 익숙한 것들로부터의 낯설게 하기다. 새들의 노래를 감상해 보니 이 두 가지 조건을 적절하게 배합한 조화로움이 와닿는다. 예상하는 새들의 합창대회에 일찌감치 관객으로 가서 숲의 무대를 짜고 자연의 심포니를 연주하는 시인이다.

울음일까 노래일까 알 수는 없지만/ 욕망 때문일 거야, 사연이 있을 거야/ 애써 짐작하며 언제나처럼/ 날개를 펴고 상상의 나래를 펼쳐본다 -「새들의 노래」 부분

그들의 날개와 노랫말을 알아들었다는 것은 그곳으로 날아갈 준비가 되었다는 설렘과 마음의 표정이 이 시에선 언급된다. 이미 작가의 심상이 맞닿아 있다. 창으로 넘나드는 계절 바람에 화자의 마음을 실어 그들의 숲으로 보낸다. **새들의 조잘거리는 소리 때문에/ 늦잠을 잘 수가 없구나/ 아마 새들이 합창 연습을 하는 것 같다** -인용에서처럼 욕망과 이상은 도시와 세상이 추구하는 타인의 경쟁이나 공간의 이질감이 아니다. 숲이라는 공

기를 쬐고 앉으면 경쟁도 분노도 언쟁도 사라진다는 것을 시인
은 새가 날아와 지저귀는 소식으로부터 듣고 있었음이다.

    밤이란 숙명을 지탱하고 앉아
    흩어지는 사고의 편린들을 꾀어 본다
    무심코 버려두고 온 기억 없는 일기
    다만 한낮의 기후는
    눈썹 위에 무거운 잠으로 쏟아지네

    다시 깨야 할 까닭 모를 꿈이라니
    머리를 무겁게 누르고
    안개 같은 통증을 주지 않았던가

    정지된 듯 멈추어 선 듯
    사물마다 흐르던 시간이
    세포의 혈관까지 모두 뒤져낸 것은
    그것은 그리움이었을까

    그대의 미소 그대의 착한 동공은
    일기 속에 번져 울먹이고
    애써 비라도 내리 사흘 퍼붓는 날
    찢어버린 가슴에 일기는
    이미 사선을 그어 댔는데,

    어둠이 변명처럼 싱싱한 이슬로 번진다
    한낮의 마른 햇살은
    어쩌면 밤이 기대고픈 버리고 떠나온

일기 속에 흩어진 옛 이름이 아니었을까

-「꿈으로 쓰는 일기」 전문

　우리는 시간과 삶을 영위해 가면서 사람과 사람, 이웃과 공동체 또는 특별한 지우와 교우하며 관계를 맺는다. 빨래를 돌리고 커피 한 잔 따르며 친구 혹은 이웃과 사귀면서 시시한 것들, 심각한 고민을 털어놓는다. 푸념하듯 가족에게서 받는 스트레스를 한가하게 풀어 놓으면서 어제 사 온 과일을 조금씩 나누기도 하는 정을 베풀기도 한다. 그럼에도 불구하고 언제나 마음 한구석이 텅 비어있고 그리운 누군가가 있어 내 마음 가 닿고 싶어진다.

　시간의 저 언덕에 새벽이 오도록 오르지 못한 별처럼 가을비만큼 차고 시린 외로움이 문턱까지 차오를 때, 어느 겨울 아침 눈 내린 들판으로 첫 발자국을 찍으며 친구 j가 달려올 것만 같다. 창문을 활짝 열어두고 시인의 기다림은 깊어간다. 문득 네가 달려와 지치고 고단한 내 가슴에 따뜻한 별처럼 오순도순 이야기를 들려주렴. 온화한 가을비로 차곡차곡 내 외로움의 텃밭을 적셔주렴. 그리운 친구는 나의 슬프고 모난 인생의 모서리를 둥글게 둥글게 여며 줄 것이다.
　'잘했다, 괜찮아, 네가 옳아' 끄덕이는 친구 j를 회억의 일기장에서 꺼내는 시인이다.

　아름다웠을, 비 온 뒤 함께 무지개를 바라보았던 친구 j를 추억하는 시간... 친구 j는 어둠의 터널에서 시인의 손을 잡아주고 꽃잎 같은 입김을 불어 상처를 덮어 준다.

'고단하고 지친 삶 속에/ 외로움의 터널을 터벅거릴 때/ 여린 꽃잎 같은 너로 인해/ 나는 어둠을 빠져나왔다// 약속도 맹세도 없었건만/ 오랜 세월 소리 없는/ 언약이 되었고/ 변함없는 우정의 답이 섰다/ 힘들고 어려울 때/ 든든한 버팀목이 되어주던 친구야/ 정이야 감추면 되겠지만/ 고마운 마음은 감출 수가 없구나.'라고 하듯, 내 인생을 위로해 주고 무엇보다 나의 소극적인 자존감을 높여 준 친구가 '친구 j'였을 것이다. 아름다운 작품 「내 친구 j는」 전문을 소개한다.

소박한 들꽃처럼
은은한 향기를 품어 내는
나의 친구야

고단하고 지친 삶 속에
외로움의 터널을 터벅거릴 때
여린 꽃잎 같은 너로 인해
나는 어둠을 빠져나왔다

약속도 맹세도 없었건만
오랜 세월 소리 없는
언약이 되었고
변함없는 우정의 답이 섰다

힘들고 어려울 때
든든한 버팀목이 되어주던 친구야
정이야 감추면 되겠지만

고마운 마음은 감출 수가 없구나

쳇바퀴처럼 배분된 일상
가슴 바닥에 달아 붙은
자존심까지 덤으로 얹어서 팔아버린
나른한 육신을 신앙에 지탱하며
웃음으로 씻어내던 너

오른손이 하는 일
왼손이 모르게 눈물 삭이며
어엿한 집 한 채 없어도
가슴안에는 여러 채인
따뜻한 집을 지은 친구야

소중한 우정 세월도
사랑도 시샘 내는 가음 없는 우정
풍성한 마음을 가진
어둠 속에 빛나는 별처럼

나보다 훨씬 높은 곳에 사는
그리움의 별
자랑하고 싶은 큰 별인 내 친구

- 「내 친구 j는」 전문

전체적으로 가을이란 계절 앞에서 시각적인 감각으로 익혀낸 묘사와 풍경은 누구나 보는 것이고 날마다 풍경을 스치면서 무심코 그늘에 앉아 쉬기도 할 것이다. 그러나 시인은 일상의 식탁에서 자연과 섭리를 단순히 관조만 하는 것이 아니라 삶과 시상에 이들을 대입한다. 그녀의 바다엔 사연이 있고 사연은 때로 울고 웃고 바람이 거세게 불다가 잔잔해진다. 주제가 갖는 속성만큼 독자에게 충분한 감동과 여운이다.

 현대시의 흐름이나 유형은 풍자나 서정 또는 이상주의보다는 의미가 끊임없이 살아나는 리얼리즘(realism)에 바탕을 둔 생생한 이미지화다. 이미지란 단순히 말장난이나 언어 퍼즐은 아니라고 본다. 스스로가 원하든 원하지 않든 무의식 속에서 의식이 표출되어야만 하고 그 의식은 결국 내가 살아낸 희로애락의 함축미다. 편리한 언어이거나 쉽게 접할 수 있는 일상의 문장들로 구성된 듯 보이지만 전체적 흐름 안에 깃든 시인만의 독특한 문체를 만났을 때, 시가 전달하고자 하는 메시지의 효과는 그녀가 이제 삶이든 시든 전문가로서 자격을 갖추었다고 볼 수 있다.

무거운 발걸음을 옮겨야 했나이다/ 몸은 만신창이가 되어/ 피를 흘리면서 칠십이란/ 높은 계단을 향해야만 했나이다// 머리에는 서리 맞은 흰 송이를/ 무겁게 얹은 채/ 더 빨리 달리지도 걸을 수도 없는/ 한숨만을 내 품고선//

힘들구나! 긴 한숨뿐이었어요./ 님이시여 인생은 즐거웠어요/ 영화 속의 주인공이/ 되어 웃기도 하고 울기도 하였지만/ 그러나 행복했습니다/ 삶이란 그런 것인가 봅니다/ 어차피 남은 삶을/ 더 보람되게 살아야 할까 봅니다. －「인생」부분

 詩가 기본적으로 추구하는 은유, 메타포는 언어의 비틂이나

조어가 아닌, 그녀만의 진정한 생활과 연륜으로부터 나온 농익은 삶의 울림이라는 것을 깨닫는다. 인생으로부터 오는 고해와 낭만과 철학, 방황의 정점에 이르렀을 때 그녀의 우주는 찬란하고 아름다웠음을 느끼고, 깊이 배우면서 글을 맺는다.

격려사

은하수보다 아름다운 언어의 꽃밭에서

이재섭 | 성산교회 담임목사

『꿈으로 쓰는 일기』는
'일기'라는 말에서 느껴지는 것처럼,
매일의 삶을 하나로 묶는 축소판이다.

그러나 단순한 사실의 나열에 그친 설명이 아니다.
'꿈'이라는 말에서 느껴지는 것처럼,
시인의 연륜에서 흘러나오는 삶의 통찰로 가득한 인생의
나침반이다.

시인의 인생 깨달음이 시를 대하는 이들의 길잡이 역할을 하는 것이다.

노경자 시인의 시 속에는
과거에 대한 그리움과 아쉬움,
현재를 즐기며 누리는 여유로움,
다가올 미래에 대한 희망의 기다림이 있다.
그래서 지금의 나보다, 더 나은 나로 만들어 준다.

 시인이 은유와 상징 속에서 녹여낸 인생의 통찰을,
은하수보다 아름다운 언어의 꽃밭에서 발견한다면,
지금보다 훨씬 여유롭고 풍요로운 삶을 열어갈 것이다.

추천사 I

한 땀 한 땀 먹실로 그려놓은 시향으로

양호진 | 시인 · 영남문인회 회장

　모든 것에는 고유의 색상이 있어 그 향방의 기울기와 초점에 따라 다양한 프리즘의 무지개를 발췌할 수 있다. 감추어진 영역의 얼굴을 쉽게 조명하려 아무리 애를 써 보아도 판별할 수 없을 때 우리는 감성의 나침반에 귀를 기울이며 그 해답을 찾으려 애를 쓸 것이다.

　소담스럽게 잘 익은 그녀의 시집 한 권에 대하여 불현듯 그녀의 붓끝에서 향기 내뿜는 문인화의 발자취를 느끼듯『꿈으로 쓰는 일기』라는 표제의 시집을 잉태하려 고즈넉하게 울리는 교회의 종소리를 느낍니다.
　시의 구조와 전개라는 맥락을 벗어나 자연스럽게 은은한 차 한 잔을 섭렵하듯이 느껴온 그녀만의 현실적 감각의 찻잔 속에서 은은하게 피어 나오는 독특한 언어와 물안개처럼 여릿한 농도의 수채화 같은 시어들이 여기저기서 녹진하게 세월의 나이테로 펼쳐지는 파장을 조금씩 느껴보는 시간의 여유로움이 깃들어 있다.

그녀만의 화선지에 누구도 모방할 수 없는 그림 한편이 시의 밑바닥에서 꿈틀거리고 있다. 말갛다. 오롯하게 피어오르는 아지랑이 한 겹이 봄날 햇살의 두런거리는 소리를 엮어, 불꽃처럼 아른거리며 솟구치고 있다. 점점 희미해지는 소리와 사물들의 충돌음이 굵은 농담의 벼룻물 속으로 사라진다.

  노경자 시인 스스로 늘 천명해 왔던 명징한 사물의 숨소리를 이번 시집에서 살그머니 꺼내어 탐미할 수 있는 시간의 여유로움도 있으리라. 화려한 몸짓의 치장을 멀리하고 수묵담채화처럼 묘연한 은은함이 깃들여진 그녀의 한 땀 한 땀 바느질한 먹실로 그려놓은 시향을 여유롭게 즐겨보길 소원합니다.

추천사 Ⅱ

여백에 감사드리며

운곡 안효철 | 시인 · 을숙도동인회 전 회장

    산수를 훨씬 넘긴 그녀가 첫 시집을 낸다니 우리로써는 이보다 더 반가운 소식은 없었다. 그녀를 알고 지나온 세월이 20년 가까이 된다니… 을숙도동인 회원으로 함께한 세월이다. 나는 그녀를 노경자 누님이라고 부른다. 그녀는 열렬한 기독교인이다. 그래서 한편으로는 많은 걱정도 한 게 사실이다. 편향된 시가 아닐까 하고 말이다. 그러나 그것은 나의 기우에 그치고 말았다. 2011년 국제 공모 대전 9회 때 화선지에 그려진 수상 작품만 보더라도 그것은 나의 짧은 생각이었다. 아담한 체구에 서라벌예대 출신답게 화려하고 활동적인 다재다능한 그녀를 잠시 내가 잊고 있었던 게 아닐까 생각해 본다.

    하얀 화선지에 먹물이 튄다// 붓이 가는 길 따라//
    그림이 그려진다   -「붓이 가는 길에서」중에서

    이 표현은 얼마나 비우고 또 비운 마음일까 생각하면 인간의 체취가 흐르고 솔직 담백함에 읽는 이로 하여금 따뜻한 정감을 불러일으키게 하는가. 그녀의 시를 읽다 보면 소박한 박꽃처럼, 화려하면서도 화려하지 않은 목련꽃처럼 은은한 색채를 느끼게 하는가. 이는 그녀의 사람됨과 시 쓰기가 일치함을 보여주는 예라 할 수 있을 것이다.

어디 붓가는 길만 따라만 가겠느냐. 거기에는 화선지 재질이며 먹과 벼루의 성질이며, 수십 번 손끝으로 만지작거리며 선택된 것들인가. 화선지 위 그려진 그림의 제목은 쓰다 지우고 쓰다를 수백 번의 고뇌와 고독으로 이루어진 결과물일 것이다. 그녀의 시는 결코 즉흥적으로 쓰이지 않고 대상으로부터 유발되는 정서를 껴안고 넘칠 때 토해낸 흔적이 역력히 보인다.

노을 비친 물결은// 고뇌와 고독을 토해내는// 아우성 같은 소리
- 「섬진강의 노을」 중에서

위 시구를 보면 아직도 고뇌와 고독을 껴안고 사색하는 그녀를 생각하면, 나 역시 힘이 솟는다. '수평선' 시구에 빨간 드레스를 걸치고 걸어가는 신부의 모습을 저녁노을에 비대는 그녀의 단상은 정말 놀랍다. 그리고 그 순간 순간마다 발견되는 자연의 모습에 무한한 애정과 동경의 자세로 자신의 체취를 깊이 아로새겨 영역을 표시해 두었다. 시의 미학은 자기 통증에 있다. 치열한 시의 세계. 절대적 시 예술 중심의 삶과 시를 갈망한다는 점에 있다.

그의 시는 진솔한 순정으로 흠뻑 젖어있는 것이다. 내일모레면 산수를 바라보는 위치에서 무한한 그녀의 단산이 부럽고 존경스러우며 축하를 드릴 수 있는 기회의 여백을 내주신 데 대해 감사를 드립니다.

노경자 시집
꿈으로 쓰는 일기

발 행 일 : 2024년 12월 15일
글·그림 : 노경자
펴 낸 곳 : 도서출판 때꼴
펴 낸 이 : 이화엽
편 집 : 이혜경
교 정 : 신은희
주 소 : 부산 강서구 유통단지1로 41, 115동 212호
전 화 : 051) 941-4040
E-mail : ttaeggol@hanmail.net
가 격 : 12,000원

ISBN 979-11-92822-15-0

※ 내용의 일부 또는 전부의 무단 전재, 복제를 금합니다.